¿POR QUÉ NO APRENDE MI HIJO?

La presente es una guía para padres y maestros que les permitirá descubrir oportunamente por qué causas algunos jóvenes *no aprenden* lo que les enseñan en la escuela. Niños y adolescentes viven inmersos en un mundo que no siempre es el ideal. Las condiciones adversas que les rodean influyen negativamente en su aprendizaje, por eso es tan importante descubrirlas y neutralizarlas, deseamos que este libro se convierta en eficaz herramienta en manos de profesores y padres.

EDAMEX

**LIBROS PARA
SER *LIBRES***

www.edamex.com

¿Por qué no Aprende mi Hijo?

FACTORES NEGATIVOS ORIGINADOS POR LA INFLUENCIA FAMILIAR, LA ESCUELA Y EL MEDIO. CAUSAS BIOPSI-COSOCIALES.

Alfonso Chávez Maury

Título de la obra: ¿POR QUÉ MI HIJO NO APRENDE?

Derechos Reservados © en 1998 por EDAMEX, S.A. de C.V.
y Alfonso Chávez Maury.

Portada: departamento artístico de EDAMEX.

Octava edición: 13 de noviembre de 1998.

Ficha Bibliográfica:

Chávez Maury, Alfonso
¿Por qué mi hijo no aprende?
72 pág. De 14 x 21 cm.
14. Educación y Pedagogía

ISBN-968-409-994-0

EDAMEX, Heriberto Frías 1104, Col. del Valle, México 03100.
Tels. 559-8588. Fax: 575-0555 y 575-7035.

Correo electrónico: edamex@compuserve.com

Internet: www.edamex.com

Impreso y hecho en México con papel reciclado.
Printed and made in Mexico with recycled paper.

Miembro No. 40 de la Cámara Nacional de la Industria Editorial Mexicana.

A MARTHA ZUBIRAN

"El universo es maravilloso,
pero brindar amistad es lo mejor que existe en el mundo".

ÍNDICE:

RECONOCIMIENTO

Quiero hacer patente mi reconocimiento a los diversos autores e investigadores en el campo de la pedagogía y la psicología, cuyos libros y estudios han aportado los principios fundamentales de este libro.

Asimismo quiero expresar mi gratitud a mi amigo y maestro el Lic. Gerardo Sánchez Hernández, del Colegio de Pedagogía de la Universidad Salesiana, quien leyó críticamente todo el material y sugirió cambios y adiciones.

Agradezco muy especialmente a la Lic. Susana Mejía Vásquez por su generosa colaboración en la revisión y redacción del presente.

Quiero reconocer también la gentileza de la familia Rivera Arizpe por brindarme un ambiente de paz y tranquilidad.

El autor.

Introducción

Es de vital importancia que los padres y maestros en general conozcan los factores educativos ambientales, para que, dentro de lo posible, comprendan las circunstancias que rodean al niño y al adolescente y orientarlos para superar las condiciones adversas que les impiden aprender correctamente.

El objetivo que persigue ¿Por qué no Aprende mi Hijo? es dar una base teórica a los padres de familia, a los maestros, a los estudiantes y a los profesionales inmersos en el terreno educativo, para que conozcan y asimilen de una manera sencilla las causas por las cuales algunos estudiantes no aprenden, y en algunos casos darles recomendaciones para contrarrestar el impacto nocivo de los factores del medio que influyen negativamente en el aprendizaje.

El aprendizaje del niño y del adolescente se ve seriamente afectado por un sinnúmero de factores intrínsecos y extrínsecos. Si a esto agregamos la falta de conocimiento al respecto de los maestros y padres, y le sumamos además la problemática del púber y del adolescente que suelen sufrir crisis propias de la edad, obtendremos como resultado deficiencias durante el proceso de aprendizaje de los mismos.

Actualmente, gracias a las publicaciones que existen sobre diversos campos de la educación, nos damos cuenta de la responsabilidad de los educadores y de la enorme cantidad de dificultades a las que habrán de enfrentarse.

Las escuelas normales y las universidades deben asimismo, estar conscientes de la base humanística que es conveniente dar a sus egresados. Es importante señalar que una parte de los egresados de estos centros de enseñanza, se dedican a la docencia, siendo su campo de acción las escuelas de educación elemental, nivel medio y las escuelas normales; también algunos de ellos se desenvolverán en las universidades del país. Con lo dicho anteriormente nos damos cuenta de la problemática por la que atraviesa el nivel medio superior, al no poder contar para la docencia con gente preparada específicamente para tal actividad.

La planta de maestros del nivel medio superior está formada por profesionales que carecen, la mayoría, de una formación didáctica y pedagógica. En ¿Por qué no Aprende mi Hijo? muchos de estos profesionales, que nunca pensaron que un día serían profesores de una materia afín al área de su especialización, y por tal motivo no cuentan, muchos de ellos, con la preparación adecuada, encontrarán la respuesta que los ayude a comprender los problemas a que se enfrentan diariamente.

Asimismo, después de tratar sobre los factores familiares, escolares y ambientales, se analiza el proceso de desarrollo del adolescente y para complementarlo se propone un proyecto de orientación vocacional.

Esperamos lograr la aceptación de ¿Por qué no Aprende mi Hijo? como un libro de consulta para los estudiosos de la educación, y como una guía eficiente para padres y maestros.

PRIMERA UNIDAD:

Cómo influye el ambiente familiar
en el desarrollo del estudiante.

Sabemos que en el núcleo familiar siempre se desarrollan situaciones que tienden a influir positiva o negativamente en el ser humano y por ello, cuando se trata de malas impresiones, la mayoría de las veces van a ocasionarle perturbaciones de orden psíquico que difícilmente pueden remediarse.

Con mucha frecuencia los padres se quejan de que los hijos son egoístas o no colaboran en lo absoluto con las normas impuestas en el hogar, por lo cual su respuesta y actitud para con ellos va revestida de una gran agresividad, pero en realidad no se les puede pedir a los hijos que sean generosos, sumisos, cooperadores y que su conducta sea intachable cuando la armonía y el orden no se reflejan en las relaciones de los padres entre sí. Por lo tanto, esto es lógico y viene a ser consecuencia de los principios operantes en la vida cotidiana de la familia.

1.1 Relaciones Familiares

En el seno de un hogar hay diversos tipos de relaciones, como las existentes entre el padre y la madre, mismas que siempre serán objeto de consideración por parte de los hijos, ya que constantemente están observando a sus progenitores y, dada su falta de madurez, esas relaciones ocasionarán en ellos impresiones positivas o negativas que los perturbarán e inquietarán; es por eso que se ha dado tanta importancia al proverbio que reza: "se predica con el ejemplo", ya que a éste se le puede considerar como un conjunto de conductas que los hijos tienden a imitar, ya sea porque quieren y admiran a quien las ejecuta, o bien como un estímulo a la reflexión que hará pensar a los hijos sobre la conducta de sus padres.

Otro tipo de relaciones que se dan en una familia son las que se desarrollan entre los padres y los hijos, las cuales no se encuentran al mismo nivel, ya que la posición de los padres hacia los hijos será siempre de autoridad, mientras que los hijos estarán ubicados en el nivel de obediencia.

Los padres, responsables de la educación de sus hijos, se preocupan por no perder la imagen de su autoridad que les sirve para que los hijos se eduquen; pero la más de las veces esta autoridad es entendida como prestigio, es decir, como base para que los hijos los respeten.

En la actualidad nos encontramos con algunos padres que confían en que, con su buen ejemplo, los hijos cumplirán y aprovecharán sus responsabilidades escolares. Otros, abusan de su autoridad, indiscriminadamente, pretenden dominar a sus hijos y resolver el problema mediante el cumplimiento, por parte del hijo de un sin fin de normas, logrando causar en ellos una gran inseguridad que se reflejará en su aprovechamiento escolar. Los padres deberían de entender la autoridad como una posibilidad de servicio y no como una posibilidad de poder.

Por consiguiente, al entender la autoridad de esta manera se está armonizando el respeto y la exigencia, el estímulo y la libertad; se apoya en diversas actitudes positivas y si se ejerce con naturalidad, contribuye a crear un clima de seguridad interior en la vida de los hijos.

Para servir con autoridad es necesario el prestigio. La autoridad se mantiene y se recobra por el prestigio. Esta afirmación es equivalente a la de "educamos por lo que somos", siempre y cuando exista una congruencia entre lo que somos, lo que hacemos y lo que decimos; por tanto, se tiene prestigio con los hijos, sobre todo, por el modo de ser.

Es muy importante reflexionar si los padres están pendientes de sus hijos, no sólo en su aprovechamiento académico, sino también en las relaciones de éstos con la familia y su círculo social; en otras palabras, si están con ellos física, moral y espiritualmente.

Los padres deberían siempre comprender a los hijos tal y como son y aceptarlos, además de analizar si les han hecho sentir su apoyo en todos los sentidos o sólo se acercan a ellos para recriminarles su proceder; deben tratar de procurarles un hogar donde se respire un ambiente de tranquilidad, de seguridad, comprensión y cariño.

Por otro lado se encuentran las relaciones fraternales, que son las que más van a influir en el adolescente después de las que tiene con sus padres, ya que entre los hermanos inevitablemente se suscita el fenómeno competitivo. Partiendo de la base de que Adler señala situaciones peculiares y significativas según el orden de los hermanos: hijo único, hermano mayor, hermano menor, segundo en una familia de tres o más hermanos, varón rodeado de niñas y niña rodeada de varones",[1] vamos a comentar en primer lugar la situación que acaece al hijo único:

Este se ve seriamente afectado en la incapacidad de tomar decisiones, ya que desde que nació se vio rodeado de un exceso de cuidados y de mimos que no le permitieron nunca hacerle frente a un problema, porque su familia le resolvía absolutamente cualquier situación; de esta manera, no recibió la serie de estímulos que el niño tiene normalmente cuando se cría con otros hermanos. Otras características que suelen suceder con estos hijos únicos es su egoísmo y la falta de autonomía. Es lógico encontrar que éstos al momento de ingresar a la preparatoria, no tengan la capacidad de enfrentarse al estudio como deberían y constantemente fracasan sacando malas notas; ellos mismos no saben como enfrentarse a este problema e inconscientemente están esperando que se les re-

---

[1] García Hoz, Víctor. *Principios de Pedagogía Sistemática,* pág. 360.

suelvan sus problemas sin hacer ningún esfuerzo . . . Todo esto es consecuencia de la sobreprotección que se le dio durante su infancia. Asimismo, estos hijos sólo aprenden las formas de vida social hasta que ingresan a la escuela y empiezan a tener relación con niños de su edad, porque en la misma familia se desenvuelven solamente entre personas adultas, y por ello siguen pautas de conducta poco propias a su edad.

En cuanto al primogénito se refiere, éste sufre regresiones en su comportamiento cuando en su familia nace un nuevo hermanito, regresiones que se manifiestan desde la agresión a sus padres y al nuevo miembro de la familia, o bien no controlando sus esfínteres y sus problemas de lenguaje (tartamudeo) para llamar la atención de sus padres. Sin embargo, al irse acostumbrando a su nueva forma de vida supera este comportamiento.

Los hijos más pequeños frecuentemente son los consentidos de la familia y reciben toda clase de mimos y atenciones, esto ocasiona que ellos tengan poca seguridad y confianza en sí mismos, ya que suelen ser inestables y raras veces cumplen con los objetivos que se fijan. En lo que se refiere al tercer hijo de la familia, su característica fundamental es que "es en cierto modo el observador silencioso de la rivalidad entre los hermanos mayores. Ahora bien, esta actitud más bien pasiva y espectante se fija a la postre y así origina un tipo de comportamiento que tropieza con no pocas dificultades en el estudio."[2]

Todas estas consideraciones son importantes en la medida que los problemas en el proceso de aprendizaje la mayoría de las veces devienen por el lugar que ocupa el niño en la serie de hermanos, así como su sexo y el número de ellos, puesto que la familia ideal es aquella donde existen dos o tres hijos, ya que en ella la atención y cuidado de los niños es adecuada porque los padres tienen la oportunidad de nivelar sus regaños y hacer que los hermanos se respeten entre sí. En contraste, en la familia numerosa suelen aumentar los problemas por la falta de atención de los

[2] Correll, Werner. El Aprender, pág. 201.

padres hacia los hijos en diversos aspectos; entre ellos lo referente al cuidado y revisión de las tareas escolares de los hijos.

Como señalamos en el párrafo anterior, el sexo del educando y el de sus hermanos también va a ser determinante, porque un niño que crece entre mujeres o viceversa, suele tener problemas no sólo de índole escolar, sino de identificación con los de su mismo sexo, alterándose con esto su personalidad.

1.2 Inadaptación por la formación irregular de la familia

El ambiente familiar se considera como un espacio vital que ofrece al ser humano los primeros estímulos para su desarrollo intelectual. El pedagogo español Víctor García Hoz nos dice que:

''Las relaciones dentro de la familia constituyen igualmente los primeros estímulos para el desarrollo intelectual, moral y social de los sujetos.''[3]

La adaptación se manifiesta en el hecho de que el hijo viva a gusto en el seno de la familia, mientras que la inadaptación, por el contrario, se pone de relieve en el hecho de que el hijo vive a disgusto dentro de la comunidad familiar.

Ahora bien, ''La adaptación e inadaptación familiar viene determinada por factores físicos y psíquicos'',[4] al hablar de factores físicos nos referimos a las condiciones donde el niño crece, tales como un hogar cómodo o no, el lugar donde el niño pueda desarrollar sus juegos y estudios, las condiciones económicas de la familia, el confort y ambiente estético, etc., ya que de esto depende cómo va a evolucionar el hijo en su educación y desenvolvimiento, lo que va a constituir un factor importante para su seguridad emocional y confianza en sí mismo.

En lo que concierne a los factores psíquicos, las características negativas de los padres al reaccionar con nerviosismo e irritabilidad

[3] García Hoz, Víctor. *op. cit.*, pág. 365.
[4] *Ibidem*, pág. 355.

a causa de las condiciones físicas en que viven, van en detrimento de sus hijos. De igual modo da lugar a la inadaptación de éstos el hecho de que los padres tienen poca preparación con respecto al cambio que van teniendo sus hijos, no sólo física, sino fisiológica y psicosocialmente, y por lo tanto no aceptando que sus descendientes han crecido.

Por otra parte, las carencias familiares invariablemente van a constituir un factor determinante. Nos referimos a los casos de hogar incompleto, aquéllos donde hace falta la presencia de ambos padres (casos de niños totalmente faltos de cariño, donde les hizo falta la caricia materna y la calidez de un hogar); aquéllos donde hace falta la presencia de uno de ellos, siendo también importante mencionar aquí, la falta de hermanos y la falta de medios económicos necesarios para una vida familiar normal.

En el primer caso, es decir, donde existe una familia sin padre, en sentido del psicoanálisis, el carecer del padre acarrea un desarrollo perturbado edipal en el niño, así como un desarrollo perturbado del super-yo y de la conciencia.

"En la mayoría de los casos, la falta del padre da lugar a una actividad profesional de la madre. El alumno con estas características constantemente se halla en peligro de 'desconectar' su atención durante períodos más largos en todas sus materias y ocuparse en cosas ajenas a la escuela. Además, casi inevitablemente se perturba la relación del niño con el maestro, pues buscará en él una especie de sucedáneo del padre (o de la madre), y se apoyará de tal manera en el maestro, que éste se verá obligado a acentuar las distancias . . . Así, el niño vuelve a sentirse rechazado, profundamente decepcionado en su interior, a lo cual responde con reacciones de terquedad, de desvío del estudio, de rebeldía y de actitudes antisociales".[5] Cuando la madre es la que hace falta, sucede algo similar, sin embargo, las perturbaciones educativas son mayores.

Los niños que viven en tal situación familiar, son extraordinariamente tímidos, reservados y recelosos, y acusan sentimientos de inferioridad, lo cual los hace ambiciosos y necesitados de afecto;

---

[5] Correll, Werner, *op. cit.*, págs. 186-187.

por lo que viene a hacerse fluctuante el sentimiento de su propio valor, su confianza en sí mismo y se vuelve más vulnerable.

Así, es inevitable que su nivel de aspiraciones vaya descendiendo paulatinamente y termine por perder el gusto por el estudio.

Otra de las formaciones irregulares de la familia se manifiesta "cuando los padres están separados, cuando los padres naturales están sustituidos, o cuando los hijos se encuentran en situación social y jurídica de ilegitimidad".[6] Lo que influye de modo distinto en la educación de los hijos:

En el matrimonio roto, separado o divorciado, los hijos sufren de alteraciones emocionales y sociales, además de que notan cómo los padres mantienen unas relaciones cargadas de odio, y crece en ellos la rebeldía y el escepticismo respecto al matrimonio y sufriendo como consecuencia de sentimientos de inferioridad, acusando también notables deficiencias en su aprovechamiento escolar.

"En el caso de padres divorciados, implica una separación definitiva, con ruptura del vínculo familiar, en donde, aparte del efecto pernicioso de la separación de los padres, se añade la conciencia de que esta separación es definitiva".[7]

Conviene tener presente que influye negativamente en la educación, no sólo la separación o ruptura física del matrimonio, sino también la separación espiritual o psíquica, aun cuando permanezcan físicamente bajo el mismo techo.

Las formas más frecuentes son las desavenencias agudas, los desacuerdos latentes, las evasiones, refugios, y las compensaciones sexuales, entre las que emerge la que recae sobre uno de los hijos. "Es fácil adivinar los efectos perniciosos que tales situaciones producen en el hijo, tanto en el concepto que se forma del fin familiar (una sociedad para discutir sin tregua o para dejarse arrastrar por apasionamientos insanos, en la transferencia al niño del amor conyugal) como en su estructura sentimental y su sistema nervioso".[8]

Asimismo, debido a que el padre encarna y trasmite a la fami-

---

[6] García Hoz, Víctor, *op. cit.*, pág. 375.
[7] *Ibidem.*
[8] *Ibidem*, pág. 376.

lia la autoridad, la disciplina, el orden, la vinculación a las leyes y valores internos. El padrastro corre inevitablemente riesgo de ser causa de graves perturbaciones en la capacidad de estudio del niño, y esto es de dos maneras: "Puede por una parte mostrarse demasiado "flojo" con el hijastro y, por otro, demasiado "duro". En ambos casos se ve perturbado el niño en la capacidad de estudiar."[9] Algo semejante sucede con la madrastra, quien generalmente corre el peligro de tratar al hijastro de una forma poco natural. Además, el estilo educativo de la madrastra fluctúa de un extremo al otro y de este desasosiego interior e inestabilidad emocional hacen imposible un estudio prolongado e intenso.

"El problema del padrastro y de la madrastra es sin duda, una dificultad para la educación familiar."[10]

1.3 Padres sin capacidad moral para educar

Otros aspectos que influyen en los estudiantes son cuando los padres poseen una incapacidad moral para educar a sus hijos porque ellos viven, de una manera patente y continuada, en estado de inmoralidad. Tal es el caso de los reconocidos públicamente como viciosos, inmorales o delincuentes. En este grupo pueden incluirse los alcohólicos. En el ámbito familiar, la embriaguez de uno de los padres suele ir acompañada de imágenes bochornosas, donde surgen disputas o golpes dentro del hogar.

Así, los hijos se enfrentan con una doble conducta paterna: la que el padre alcohólico tiene en sus ratos de sobriedad y la que tiene en los momentos de embriaguez. Esto constituye el camino más fácil para la inadaptación familiar y social del hijo.

"También hay incapacidad educativa en aquellos padres que sufren cierta inadaptación social. Dentro de esta categoría se hallan los enfermos o inválidos."[11]

Entre los inadaptados sociales, igualmente se pueden incluir a los padres que durante largo tiempo no encuentran trabajo.

[9] Correll Werner, op. cit., pág. 189.
[10] Ibidem, pág. 192.
[11] García Hoz, Víctor. op. cit., págs. 377-378.

La llamada incapacidad material para la educación, es el caso de aquellos padres que habiendo de trabajar excesivo número de horas fuera de casa (máxime si trabaja no sólo el padre, sino también la madre), no les queda tiempo material para dedicarse a sus hijos. Esto, sucede incluso en las clases sociales altas, en las cuales los negocios o las relaciones sociales absorben de tal manera a los padres, que éstos no pueden tener el trato necesario para educar a los hijos.

Los niños de este tipo de familias ''propenden más que los niños de familias 'normales' a desarrollar inestabilidades psíquicas y sentimientos de inseguridad, así con frecuencia también a compensaciones ambiciosas y antisociales''.[12]

1.4 Educación no apropiada

Los diferentes tipos de educación a que se ven expuestos los hijos en el medio familiar, sobre todo si son negativos, influyen determinantemente en los hijos.

Entre estos tipos de educación está la autoritaria y presionante, que puede provenir de uno de los padres o de ambos. Lo primero es más peligroso, pues el niño estará expuesto a una inseguridad sumamente perjudicial; se comporta de una forma con el padre y de otra con la madre. La escisión sentimental que proviene de esto, se reflejará en la escuela en una incapacidad para el trabajo sostenido y para acoplarse socialmente. Por lo tanto el estudio en sí sólo le satisface en cuanto le sirve de medio para ser reconocido.

Es distinto el caso del niño tratado autoritariamente por el padre y la madre. Acabará por someterse a ese exceso de presión, aceptando lo que le impongan. Este género de educación va acompañado las más de las veces de falta de cariño y de ternura; el cariño y la ternura contribuyen esencialmente al desarrollo de los sentimientos del niño. ''El niño reacciona de dos formas posibles ante esta situación: si se trata de un temperamento activo, se opondrá a esta opresión autoritaria contrario a su propio ser, reaccio-

---

[12] Correll, Werner. *op. cit.,* pág. 167.

nando con agresiones, terquedad y tentativas de huida. En cambio, si se trata de una naturaleza pasiva, floja y sensible, reaccionará con huida al mundo de los ensueños (soñar despierto) o acusará una incapacidad general para entregarse durante un tiempo largo a un trabajo sistemático, ya que una y otra vez le distraerán de ello sus fantasías y sus deseos reprimidos. Ambas formas de reacción conducen igualmente a diversas perturbaciones en orden al estudio. En el primer caso se trata de una resistencia activa, de terquedad y de agresiones que imposibilitan por completo toda actividad docente".[13]

Todo fracaso en el empeño por aprender en tales condiciones es interpretado por estos niños como censura personal. En segundo lugar, tropezamos con la huida, pasiva y resignada, ante las exigencias que plantean el trabajo escolar.

La educación consentidora y floja se caracteriza porque los hijos carecen de la atención, el cariño y ternura de los padres; "sin atenciones, cariño y ternura no se crían niños capaces de enfrentarse a la vida; pero en esto puede haber también exceso, y tal exceso es contraproducente; el niño fracasa inevitablemente en la vida escolar y más tarde en la vida profesional. El peligro de los mismos amenaza principalmente, como ya hemos indicado al hijo único y también al más pequeño (ejemplo de esta educación es la dada por los abuelos)."[14]

Así, la inseguridad que llevan dentro les impulsa a luchar desesperadamente para que el maestro ocupe en la clase el puesto del padre tolerante. Reaccionan con obstinación y agresiones contra todos los que tratan de oponerse a sus deseos.

Un niño mimado sólo se interesa por el estudio, mientras que por medio de éste vea satisfecha de la manera más rápida sus exigencias de mimos.

Entre estos están los clásicos estudiantes que se van con frecuencia de "pinta" y aquéllos que continuamente recurren al pretexto de la enfermedad para no asistir o salirse de sus clases.

---

[13] *Ibidem,* pág. 202.
[14] *Ibidem,* pág. 204.

Con relación a la forma de educación desigual, o sea la conducta divergente de los padres con respecto a la forma de educar a sus hijos, los hijos reaccionan con actitudes ambivalentes frente a los padres y al maestro (lo que no obtiene con uno lo obtiene del otro). De esta manera el hijo se hace inconsecuente y pierde todo criterio de lo justo y verdadero. Esto sucede también "cuando los padres por algún tiempo toman cierta actitud con respecto al cumplimiento de alguna norma educativa en forma exagerada, y luego, de repente, no insiste más en ella, con lo cual resulta imposible a los hijos descubrir una línea clara en la educación".[15]

La educación ambiciosa despierta el aspecto competitivo, en el que el hijo es inducido a superar a los demás, transformándolos en adversarios.

Los padres y maestros, de un modo general, "estimulan constantemente la competición cuando le dicen al hijo o al alumno "quiero que tú seas el primero". "El premio es para el mejor clasificado."

"Los padres ambiciosos procuran con amenazas y con una severidad férrea, aunque también con alabanzas y adulaciones, hacer de sus hijos una copia fiel de lo que ellos mismos hubieran querido ser, sin tener en cuenta las peculiaridades personales, los talentos y aptitudes de su hijo."[16]

En la escuela estará siempre preocupado ansiosamente por hacerlo todo bien y como es debido, a fin de no defraudar a sus padres; perderá naturalidad y seguridad, estará siempre en tensión, cohibido y apocado y un inevitable fracaso en una u otra de las materias, hará que inmediatamente se tambalee la confianza en su propio valor.

Finalmente, "los niños indeseados son los que están principalmente sujetos a la triste suerte de una educación descuidada; los padres no los rodearon de cariño, cuidados y ternura. De ahí resultan rasgos de carácter sumamente negativos; ansia de cariño, reconocimiento de estima y ternura".[17]

---

[15] *Ibidem*, págs. 206-207.
[16] *Ibidem*, pág. 210.
[17] *Ibidem*, pág. 212.

SEGUNDA UNIDAD:

Factores nocivos del ambiente escolar

Muchas veces el alumno va a encontrarse con una serie de factores nocivos dentro del ambiente escolar, mismos que van a influir de modo negativo en él, y que se van a aunar a otros muchos problemas del estudiante para provocar que éste no tenga un máximo aprovechamiento en el estudio. Entre estos factores hay tres que sobresalen por su importancia: El docente, el didáctico y la escuela. Por ello aquí se harán, aunque de modo breve, algunos comentarios considerables acerca de estos elementos, empezando por el docente:

2.1. Factor docente

Una de las variables que influyen definitivamente·en el aprendizaje de los adolescentes es el maestro, ya que él tiene la responsabilidad de comunicar el conocimiento a sus alumnos y a la vez formarlos. Sin embargo, el profesor es una de las causas principales por las que muchas veces no se cumple el proceso enseñanza-aprendizaje, por carecer éste de una adecuada preparación que lo ayude a sobrellevar esta responsabilidad.

Por ello, antes de que un maestro emprendiera su trabajo, debiera ser lo más honesto consigo mismo preguntándose si eligió esa profesión por vocación, por tradición de familia, por ser sujeto de cambio social, porque se interesa en la enseñanza, por la seguridad de obtener una estabilidad profesional, por relacionarse con la juventud, por accidente, por cuestiones económicas o por alguna otra razón.

En relación a esto, Víctor García Hoz cita a Birkimshaw, en su libro "Principios de pedagogía sitemática":

"Vinculado al tema de los motivos de elección, se halla el problema de la actitud del maestro frente a su profesión, que suele plantearse en términos de satisfacción e insatisfacción del maestro por el trabajo que realiza (. . .) Las fuentes de frustración en la enseñanza se pueden considerar condensadas en la presión de un trabajo agotador, la existencia de salarios inadecuados, la autocrítica, la necesaria atención a numerosos detalles, y la constante asociación con almas inmaduras".[18]

Es mínimo lo que puede esperarse del clásico maestro de preparatoria que la mayoría de las veces se dedica a la docencia por accidente, sin tener una preparación adecuada para ello. Obviamente su actitud frente al trabajo que realiza es poco positiva; también muchos de estos maestros son profesionales frustrados, que suelen refugiarse en las aulas y sus frustraciones, muchas de ellas reprimidas, vienen a ser descargadas en los alumnos con gran agresividad, cuando éstos, de por sí, están pasando por crisis propias de la edad. Además se debe analizar si realmente el maestro posee el conocimiento de la materia que ha de enseñar, porque de no ser así, el alumno acabará por detectar esto y encontrará en ello un pretexto para indisciplinarse, ya que el estudiante siempre espera encontrar una falla en el maestro para así, adoptar ese tipo de actitudes.

Por otro lado, el profesor debe preocuparse e interesarse en los problemas personales de sus pupilos, lo que contribuye otro aspecto importante para la vida escolar y el aprovechamiento del alumnado. Sin embargo, el origen social de los maestros a veces impide

[18] García Hoz, Víctor. *Op. Cit.,* pág. 127.

que se logre una buena relación maestro-alumno, pues los primeros tienden a sentirse inferiores socialmente hablando.

De igual modo, la actitud del maestro deberá dar lo mejor de sí, ya que así va a despertar en sus alumnos sentimientos de simpatía, despotismo, superioridad, etc., y de esto depende en gran medida el éxito o el desinterés de los alumnos en la materia. Otras causas o variables negativas en el ámbito escolar son la monotonía en el tono de la voz de quien imparte la clase y el marcado desnivel en cuanto a su empleo de vocabulario frente al estudiante.

Algunos de los aspectos más negativos por parte de los profesores para con sus alumnos son el hablarles con sarcasmo e ironía cuando aquéllos no cumplen un trabajo escolar; asumiendo frente a ellos una actitud autoritaria y absurda, tratándolos de modo pedante; anulándolos diciendo que tal o cual no sirve para estudiar; encasillándolos con insultos o dándoles una reprimenda en presencia de los demás. Todo esto causa que los estudiantes se sientan repudiados y faltos de afecto, creciendo en ellos las tensiones emocionales entre los alumnos y el maestro, dificultando así el proceso enseñanza-aprendizaje. Así, resultará imposible despertar en él grupo un espíritu de colaboración y compañerismo, pues éste se sentirá desanimado y con su iniciativa coartada. El maestro debería tener presente que: "el ridículo y los sarcasmos producirán generalmente resultados desfavorables en el aprendizaje"[19] y "El miedo genera inseguridad, inhibiendo o volviendo agresivo al alumno, y violando siempre su índole humana".[20]

No obstante, en el maestro hay aspectos positivos que crean el ambiente propicio para que el alumno aprenda, y entre ellos están su capacidad de adaptación, su deseo por mantener relaciones positivas con sus alumnos, e interesarse por sus problemas personales; respetar la individualidad de sus alumnos y su libertad; tener conocimientos básicos sobre su naturaleza biopsicosocial y algunos de los principios del aprendizaje y la motivación.

Imedio Nerici dice al respecto, "Cualidades que debe tener el

[19] Kelly, William A. *Psicología de la Educación,* Tomo I, pág. 294.
[20] Nerici, Imideo G. *Hacia una Didáctica General Dinámica,* pág. 525.

docente: justicia, bondad, delicadeza, calma, paciencia, dominio de sí, sentido del humor, inteligencia, simpatía, honestidad, puntualidad y capacidad didáctica".[21]

Además de lo ya mencionado, éstas son otras cualidades que le son necesarias:

— Comprensión, seguridad personal, personalidad equilibrada, capacidad de adaptación, actitud amistosa y servicial, ser coherente y sincero, saber escuchar, etcétera.

— El maestro además debe mostrarse interesado por los problemas personales de sus alumnos.

— Tener el suficiente "tacto" para tratar con sus alumnos.

— El docente no sólo debe preocuparse por transmitir nociones a los alumnos, sino que debe de formarlos creando en clase un ambiente alegre y de camaradería, procurando mantener al grupo en una atmósfera de optimismo, confianza e igualdad.

— Favorecer la disposición de sus alumnos, motivándolos y estimulándolos en lo intelectual y en la superación personal.

— Ser ejemplo viviente dentro y fuera del plantel, ya que es un ejemplo moral, digno de imitación.

— Desde el principio del curso debe señalar las normas a seguir; así como establecer metas alcanzables para los alumnos.

— Fomentar en los alumnos una actitud de interés permanente hacia el conocimiento; ayudándoles a comprender el propósito del aprendizaje. Kelly señala la necesidad de que los profesores manifiesten su buena disposición para:

"a) El diálogo paciente
b) El reconocimiento de los esfuerzos de los alumnos y de sus cualidades incipientes
c) El reconocimiento de sus deficiencias
d) La auscultación de las aspiraciones de cada uno, con objeto de ayudarlos en la medida de lo posible a que se relacionen y con el optimismo y la alegría de vivir."[22]

[21] *Ibidem,* pág. 97.
[22] Nerici, Imideo, G. *op. cit.,* pág. 77.

e) El optimismo y la alegría de vivir."[23]

Aparte de que el maestro tiene que comprender la naturaleza biopsicosocial del hombre, deberá poseer un mínimo conocimiento de cómo y de qué forma una persona (en este caso estudiantes), difiere de la otra; en lo intelectual, en su voluntad, en el carácter, temperamento, en lo que respecta a la salud física y mental, en los hábitos de estudio; etc. y lo significativo de estas diferencias en relación al trabajo escolar.

"Las diferencias individuales, en cuanto a capacidad, son debidas, en parte, a la herencia y en cierto grado a la influencia del medio:"[24]

"Algunas de las diferencias individuales que deben tenerse en cuenta al señalar son las que manifiesta W.A. Kelly como:

"a) El crecimiento y desarrollo físicos, que incluye el funcionamiento sensorial, la estatura, el peso, la capacidad motora y la aparición de la pubertad.

b) El desarrollo mental, que incluye la percepción, la imaginación, la memoria, el pensamiento, el juicio y el razonamiento.

c) La madurez social, que abarca intereses, actitudes, juegos y actividades en su tiempo libre.

d) Logros y realizaciones escolares.

e) Personalidad y carácter, incluyendo la madurez emocional, y el dominio volitivo.

f) Ambiente hogareño y estado socio-económico.

g) Aptitud."[25]

Además, el maestro debe respetar la individualidad de los alumnos, pues en muchas ocasiones éste pierde de vista que el alumno bajo su responsabilidad es un ser humano con derechos; y que la dignidad del alumno a veces llega a ser poco importante en aquellos

---

[23] Kelly, William A. *op. cit.,* pág. 218.
[24] *Ibidem,* pág. 217.
[25] *Ibidem,* pág. 217.

pseudoprofesionales que prefieren sentirse halagados en su ego y vanidad.

"Respecto a la personalidad del alumno: éste es un principio capital, si el respeto a la personalidad se practica no sólo permitiendo la autonomía del alumno y respetando sus maneras peculiares de ser, sino también, no hacer uso de sus mejores posibilidades personales para inducir al alumno a seguir determinado rumbo, que es, casi siempre, el del propio profesor.

Se debe dejar que el propio educando asuma la responsabilidad de adoptar ésta o aquella posición, para que él se sienta artífice de su propia vida."[26]

Sin respeto a la personalidad del alumno, no puede haber disciplina adecuada para un trabajo de educación; por eso, "El alumno debe ser escuchado acerca de sus dificultades escolares, para que la escuela pueda, poco a poco, ajustarse mejor a los fines que se propone. Es imposible obtener disciplina si la cuerda tira de un solo lado, esto es, si el alumno es el que debe estar siempre equivocado (. . .) estando la razón permanentemente del lado de directores y profesores. Se requiere modestia y humildad pedagógicas. Por cierto que no todo debe reducirse a un mero atender a la voluntad del alumno, lo que sería un desastre pedagógico; pero debe reflexionarse acerca de sus dificultades escolares y humanas, si quiere verdaderamente, atender a una finalidad educativa."[27]

No está por demás reiterar que las relaciones entre el maestro y el alumno son importantes, porque si el maestro no ayuda al educando a superar sus dificultades de aprendizaje, a descubrir métodos de estudiar, y a desarrollar hábitos, éste muchas veces se da por vencido, porque no logra asimilar y organizar el conocimiento en forma útil y esto es consecuencia de incomprensión, intolerancia y oposición por parte del maestro. El maestro debe tener la iniciativa de procurar buenas relaciones con sus alumnos, pues es él quien está en condiciones de hacerlo, no sólo como persona madura, sino también en virtud de sus obligaciones personales.

---

[26] Nerici, Imideo G. *op. cit.*, pág. 160.
[27] *Ibidem*, pág. 442.

2.2 Naturaleza biopsicosocial y función orientadora

Otra de las finalidades del docente es la de orientar a sus alumnos con respecto a su realidad biopsicosocial con el fin de llevarlos a su plena realización, así, debe mostrar interés en los procesos de crecimiento y desarrollo sin olvidar abarcar los aspectos morales, emocionales y sociales.

Es en la adolescencia cuando se produce la transición fisiológica y psicológica desde la niñez a la madurez, por lo que el conocimiento de los aspectos físicos de este periodo y su relación con las funciones fisiológicas, es elemental para la comprensión de la adolescencia.

A veces en esta etapa el joven es incapaz de coordinar y controlar sus relaciones musculares, como una consecuencia de lo rápido de su crecimiento en estos años, pues se produce un incremento en la actividad de las glándulas que se hace evidente en el desarrollo de las características sexuales secundarias, así como de otros órganos del cuerpo.

"El desarrollo mental no se observa tan fácilmente como el físico sin embargo, la adolescencia se caracteriza por una expansión de las potencias intelectuales y un desenvolvimiento de la facultad volitiva que conducen al perfeccionamiento de aprender."[28]

Es por todo esto que el maestro debe orientar al alumno con respecto a su comportamiento social, al ambiente escolar y sus exigencias todas ellas diferentes y que no consigue dominar, sin perder de vista que el alumno del nivel medio está en plena crisis pubescente, y esto le hace sentir inseguro y desconfiado.

Imedio Nerici habla de las dificultades más sobresalientes que enfrentan los púberes:

1.—Dudas de índole biopsicológica.
2.—Dudas de naturaleza moral, social y religiosa.

[28] Kelly, William A. *op. cit.*, pág. 208.

3.—Dificultades de relación con los nuevos profesores.
4.—Dificultades de comunicación con los nuevos condiscípulos.
5.—Dificultades de estudio de las nuevas asignaturas.
6.—Dificultades de adaptación a los nuevos patrones de conducta, que exige la sociedad.
7.—Falta de apoyo de una persona amiga que le trasmita seguridad.
8.—Falta de orientación para dominar tantos factores adversos.[29]

Sin embargo, esta necesidad de orientación en los aspectos mencionados anteriormente no sólo es responsabilidad de los maestros, sino también de los padres.

Ahora bien, no está por demás mencionar los factores fisiológicos que intervienen determinantemente, no sólo en el estado físico del adolescente, sino en su aprendizaje:

a) Los sentidos.— Como se sabe, no hay nada en el intelecto que no haya pasado antes por los sentidos: podemos darnos cuenta de la importancia del buen funcionamiento de los mismos, para el desarrollo normal del alumno en el proceso enseñanza-aprendizaje. La vista, el oído, el gusto, el olfato y el tacto son imprescindibles para el aprendizaje. Existe gran cantidad de alumnos con problemas en los órganos visuales y auditivos, que no han sido detectados o tratados adecuadamente y como consecuencia sus resultados en la escuela son deficientes.

b) Las glándulas.[30] Estas "forman parte del sistema visceral y producen secreciones, que representan un papel destacado en la vida mental y en la conducta en general.

Existen dos tipos de glándulas: las conductoras (lacrimales, sudoríparas, salivares y digestivas, así como los canales intestinales, el hígado y los riñones), que excretan sus contenidos a través

---

[29] Nerici, Imideo G. *op. cit.,* pág. 76.
[30] Kelly, William A. *op. cit.,* pág. 44.

de conductos al exterior, y las glándulas sin conductos, que eliminan sus secreciones interna y directamente al canal sanguíneo.

Glándulas endocrinas.— Las secreciones internas se conocen con el nombre de hormonas. Estas secreciones influyen en la nutrición y crecimiento del cuerpo, en su energía y su tono emocional.

El funcionamiento imperfecto de estas glándulas se halla en muchos tipos de conducta anormal.

Entre las glándulas endocrinas más importantes se cuentan:

Tiroides y paratiroides, los cuerpos adrenales y supradrenales, la pituitaria, las gónadas o glándulas sexuales, así como el timo, la pineal, y los islotes de langerhans, en el páncreas.

El crecimiento y el desarrollo fisiológico normal depende del buen funcionamiento de las glándulas.

El timo, la pituitaria y las gónadas están relacionadas directamente con los cambios fisiológicos de la pubertad y adolescencia.

Las secreciones de la glándula pituitaria están relacionadas con el desarrollo del adolescente y estimulan el crecimiento de las gónadas (testículos y ovario). Las gónadas masculinas producen el esperma y la hormona sexual del andrógeno; las gónadas femeninas producen los óvulos.

Las endocrinopatías, son las anormalidades orgánicas producidas por el mal funcionamiento de las glándulas; ejemplo de estas es el gigantismo y el enanismo (enfermedad causada por la hipofunción de la misma).

Aquellos que sufren de trastornos endócrinos, padecen de dificultades en lo emocional, social y por ende en lo escolar.

2.3 Factor didáctico

Una vez analizado el aspecto docente y los diferentes aspectos en torno a la naturaleza del alumno, y la función orientadora por parte del profesor, se hace necesario proceder a discutir el aspecto didáctico, ya que resulta de enorme importancia considerar el valor de los métodos y técnicas de enseñanza, el ritmo de ésta y lo relacionado con las habilidades elementales del alumno.

Algunas de las variables nocivas condicionadas por los factores didácticos son las, "perturbaciones que dependen de las condiciones especiales del método de enseñanza o de la materia de estudio. Se dan necesariamente siempre que los procedimientos didácticos no se adaptan a la capacidad de la percepción del alumno o a la naturaleza del objeto de la enseñanza."[31] En cuanto a la enseñanza. "Tanto los métodos como las técnicas son fundamentales en la enseñanza y deben estar, lo más próximo que sea posible, a la manera de aprender de los alumnos,"[32] pues estos construyen recursos necesarios en la enseñanza, que tienen por objeto hacer más eficiente la dirección del aprendizaje.

Para comprender mejor lo anterior, he aquí una breve definición de los conceptos tratados:

La metodología de la enseñanza es el conjunto de métodos y técnicas de enseñanza que tienen como fin alcanzar los objetivos de la enseñanza.

Método significa didácticamente camino para alcanzar los objetivos, señalados en un plan de enseñanza.

Todo método de enseñanza tiene que seguir un esquema que consta de tres fases: planteamiento, realización y evaluación.

Técnica de enseñanza, es el recurso didáctico al cual se acude para concretar un momento en la realización del aprendizaje.

Técnica significa cómo hacer algo; por lo consiguiente el método indica el camino y la técnica cómo recorrerlo.

Con el fin de que la metodología didáctica esté efectivamente vinculada a que se cumplan los objetivos de la enseñanza, el docente debe tratar de seguir las siguientes recomendaciones:

— Hacer que el educando tome parte directa y activa en las tareas escolares.
— Orientar los estudios de manera que el educando aprenda a investigar los conocimientos.

---

[31] Correll Werner, op. cit., pág. 173.
[32] Nerici, Imideo G. op. cit., pág. 55.

— Dar un sentido de motivación a la presentación de la materia.
— Enseñar la materia presentándola sin perder de vista los intereses y necesidades de los alumnos.
— Procurar que el alumno reflexione en todas las fases del aprendizaje.
— Propiciar siempre que sea posible los trabajos en grupo o en su defecto utilizar dentro de la clase técnicas que propician la integración del grupo.
— Realizar al final de cada tema una adecuada verificación del aprendizaje.
— Hacer que la presentación, la realización y la verificación, estén presentes a lo largo de toda la marcha del aprendizaje.

Se hace especial referencia en este sentido por el hecho de que "cuando el maestro expone la materia de una manera tal que los elementos de la misma no están bien articulados, el alumno no capta el objeto de la enseñanza por no poderla abarcar de una manera global."[33]

Para despertar en los alumnos una actitud positiva hacia la materia que se va a presentar, se requiere en la mayoría de los casos, de una cuidadosa preparación por parte del docente de la misma; este paso de extraordinaria importancia metodológica, tiene por objeto motivar a los alumnos.

Debe poner el mayor empeño en no presentar los temas de estudio hasta que no haya logrado efectivamente la necesaria motivación en los alumnos, cuando una materia se presenta con demasiada brevedad o en forma demasiado superficial, puede crear en algunos alumnos una vivencia de fracaso, si el maestro al examinar espera de ellos un conocimiento más amplio.

Con respecto al ritmo de la enseñanza, "resulta poco eficaz pretender que un grupo de alumnos, por muy homogéneos que parezca, realicen su aprendizaje al mismo ritmo, cubran los mismos objetivos y se interesen por los mismos problemas; la educación se

---

[33] Correll, Werner. *op. cit.*, pág. 178.

realiza en cada sujeto de acuerdo con sus propias característi-cas."[34]

"Es preciso observar el ritmo psicológicamente apropiado para la marcha de la enseñanza. Si por lo que hace al ritmo, se atiene el maestro a la parte de la clase que da la sensación de haber com-prendido todos los problemas de la materia tratada, hay peligro de que la parte más atrasada de la clase no pueda seguir a los otros, y entonces, los más atrasados caen fácilmente en una actitud de pa-siva resignación. Nacerá en ellos la sensación de que son "cortos" e incapaces de seguir las explicaciones del maestro. Así, poco a poco acaban por renunciar a toda tentativa de participar en el estudio. Su nivel de aspiraciones desciende un grado ínfimo y su aplicación en la escuela es igual a cero."[35]

Es ilógico pensar que el maestro sólo se va a dedicar con mayor empeño a los alumnos más lentos; porque esto traería como conse-cuencia que aquel sector del grupo que trabaja con mayor rapidez pierda el interés por el estudio; y se tendrían efectos similares a los que sufren los alumnos lentos; este problema sólo podrá ser solu-cionado en la medida que se adecua el ritmo de enseñanza y se pueda optar por dividir la clase en grupos con un ritmo diferente e individual en el estudio; por lo tanto, la debida consideración para con las diferencias individuales de los alumnos, inclusive en el ritmo de aprendizaje es aconsejable a los docentes.

Ahora bien, en cuanto al dominio de las habilidades elemen-tales, hay que decir que, "Una causa importante de posibles per-turbaciones, reside en la naturaleza de los mismos temas de estudio. Por lo regular, los problemas de estudio de nuestras escuelas mues-tran diversos estratos, por lo cual se ha de presuponer inicialmente el pleno dominio de las habilidades elementales y la posesión de los conocimientos fundamentales con el fin de adquirir las habilidades más complicadas y retener los conocimientos más difíciles. Esto es aplicable casi de la misma manera a todas las materias".[36]

"Sólo cuando se ha cumplido los requisitos necesarios en el

[34] García Hoz, Víctor. *op. cit.*, pág. 305.
[35] Correll, Werner. *op. cit.*, pág. 173.
[36] *Ibidem*, pág. 178.

aspecto psicológico, se puede pasar didácticamente al grado superior. Ahora bien, dado que estos requisitos se satisfacen en cada alumno individualmente y en diferentes tiempos, es inevitable que surjan en la enseñanza graves perturbaciones en el proceso didáctico."[37]

No obstante los distintos aspectos que provocan el deterioro del aprendizaje en el adolescente, "en la mayoría de los casos, el fracaso de la enseñanza debe ser atribuido al profesor, por falta de didáctica."[38] Estos son algunos ejemplos de los casos que a diario se ven en las aulas escolares:

— Existen profesores que conocen su materia a la perfección, sólo que los alumnos, a pesar de reconocer que aquél es una "enciclopedia ambulante", no aprenden con él, ya que no sabe enseñar ni puede comunicarse con sus discípulos.
— Aquel maestro que pretende dar en su clase de 50 minutos un cúmulo de material y no supo dosificarlo de una manera adecuada, se está preocupando por dar cantidad, más no calidad.
— Cuando el maestro emplea constantemente la misma técnica de enseñanza, provoca en los alumnos un desinterés y poca atención a la clase, al convertir la clase en algo monótono y aburrido.
— Aquellos profesores que no dominan su materia, provocan en sus alumnos la indisciplina en clase, y el que constantemente le estén bombardeando con preguntas sin ton ni son con objeto de perder el tiempo de la clase y gozar con el sufrimiento de aquel maestro impaciente e inseguro.

Además, éstos son algunos de los comentarios que más hacen los estudiantes:

"El maestro es bueno pero no lo puedo escuchar en la clase por el desorden que existe; la materia es interesante, pero el maes-

[37] *Ibidem,* pág. 180.
[38] Nerici, Imideo G. *op. cit.,* pág. 60.

tro se hace un lío; dejó mucho material para estudiar de un día para otro; sólo cumple con el programa y no le importa verificar si hemos aprendido, no les entiendo a mis apuntes porque el maestro no sigue un orden en su exposición; reprobé mi examen porque no entendí bien qué era lo que el maestro preguntaba." Asimismo, los alumnos expresan su punto de vista en torno al carácter del maestro: "Sólo trata de confundirnos, o el profesor dice que no le entendí porque no tengo bases".

Todo ello es producto de la falta de didáctica por parte de los docentes, quienes llevan al fracaso escolar a un número muy grande de estudiantes.

2.4 La escuela

El último de los factores que influyen determinantemente en el aprendizaje del educando es la escuela misma, ésta debe perseguir el propósito primordial: lograr que la tarea educativa se lleve al cabo de la mejor manera, para lo cual debe considerar el ambiente físico, el clima social y psicológico de la misma, la adecuada selección de su personal docente y directivo, la clasificación, promoción y homogenización de sus alumnos y grupos entre otros elementos para el aprovechamiento adecuado educacional y para que se alcancen los objetivos y fines de la educación.

Así como es importante el ambiente del alumno en relación con su maestro, y las condiciones didácticas, es también muy importante el ambiente físico, o sea las condiciones del local, el material o auxiliar didáctico de trabajo, ubicación de las aulas y los distractores que influyen en la atención y concentración de los alumnos, etcétera.

Para llevar a cabo una breve revisión de las instalaciones de la escuela; señalaremos algunos de los puntos que se deben tomar en cuenta para ello y considerar lo siguiente:

¿El edificio se encuentra en buenas condiciones? (Construcción y limpieza.)

¿El edificio es adecuado al tipo de enseñanza que ahí se imparte?

¿El edificio cuenta con instalaciones adecuadas para las actividades específicas de la escuela? (Salones de clases, laboratorios, baños, áreas verdes, salón de maestros, oficina directivos, bibliotecas.)

¿El edificio cuenta con instalaciones que puedan servir para actividades complementarias de la escuela? (Auditorio, campos deportivos.)

¿La escuela cuenta con instalaciones accesorias para el personal que ahí labora? (Sala de juntas, cafetería, estacionamiento.)

¿Las instalaciones de la escuela son apropiadas para la población que asiste a ella? (De acuerdo a el tipo de educación.)

¿La escuela cuenta con medidas de seguridad? (Extinguidores, salidas de emergencia.)

¿Cuenta con enfermería?

¿La distribución de las instalaciones es funcional? (Ver que la biblioteca se encuentre en una zona silenciosa y de poco movimiento.)

¿Los salones son adecuados para las actividades que se desarrollan en ellos? (Salón de dibujo con equipo apropiado.)

¿Los salones de clase son acogedores y evitan en gran medida la distracción de los alumnos?

¿La ventilación y la iluminación es adecuada en los salones de clase?

¿Los salones están equipados de acuerdo al tipo de alumnos que asisten a la escuela?

¿Cuenta la escuela con el suficiente material de trabajo? (Auxiliares didácticos como proyector de diapositivas, de cine, mapas, borradores, gises, etc.)

Por otra parte, es vital escoger con acierto al personal que labore en la escuela, pues de esa selección y la formación del personal docente y directivo depende en gran medida la eficacia de una escuela, del sistema escolar, y la disciplina de la escuela. Si quienes dirigen la escuela carecen de formación pedagógica y de la capacidad adecuada para elegir a su personal docente y administrativo, o no tienen una base psicopedagógica para manejar adecuadamente a los alumnos, no podrán sacar adelante el plantel.

De igual modo, "el ambiente de la escuela, el tipo de relaciones entre directores, profesores y alumnos, contribuyen a estimular o inhibir el espíritu de iniciativa de los educandos".[39] Por lo que los directivos deben preocuparse por crear una sensación de confianza, de camaradería y de cordialidad, porque esta atmósfera influye de una manera positiva en los alumnos: "una escuela con clima social positiva tiende a producir relaciones satisfactorias y rendimientos intelectuales altos, mientras que una escuela con clima negativo conduce a fracasos intelectuales y afectivos y a relaciones desagraciadas".[40]

Existen escuelas en donde los alumnos se sienten a gusto, están felices porque en ellas se han realizado intelectualmente y se les ha enseñado a ser responsables por convicción, más no por obligación; y a pesar de haber ingresado a estudios superiores ya como ex alumnos regresan a expresar su agradecimiento. Esto sucede, desde luego, en escuelas donde el clima social y psicológico es positivo; en cambio, lo contrario pasa en escuelas donde los alumnos se expresan con resentimiento y gran rencor, porque en estas escuelas siempre se respira un clima social y psicológico negativo y esto conduce a fracasos intelectuales y afectivos, así como a relaciones sociales poco fecundas.

Desde luego, en las escuelas donde existe siempre un clima social positivo, son escuelas donde su personal directivo y docente tienen una formación pedagógica; y han sido seleccionados con gran meticulosidad.

El ambiente escolar, por tanto debe de ser de libertad, amistad y comprensión, haciendo que los alumnos alcancen una mejor integración escolar y mayor confianza en sí mismos.

Por eso, debería intentarse por todos los medios el homogenizar el grupo pues, aunque esto resulta difícil, así se tendrá un mejor aprovechamiento general, ya que los grupos numerosos y de distinto nivel de capacidad, resultan problemáticos en la enseñanza.

---

[39] *Ibidem*, pág. 37.
[40] García Hoz, Víctor. *op. cit.,* pág. 156.

Para homogenizar al grupo se deben tomar en cuenta factores tales como la edad promedio de los alumnos, su medio de procedencia, ser unisexual o mixta, etcétera.

TERCERA UNIDAD

Factores nocivos del medio

Como sabemos, el ser humano se educa con su familia y en la escuela, pero también existe una serie de factores del medio que van a influir en él ya sea positiva o negativamente, pero siempre de modo definitivo.

3.1 Medios de comunicación

El influjo del cine, la radio, y la televisión, cada vez más fuerte en el desenvolvimiento de los seres humanos; más bien opera desintegrando al hombre, deshumanizándolo las más de las veces. No obstante, se debe reconocer que éstos también sirven de auxiliares didácticos en la educación moderna. Al respecto, F. Larroyo señala que los medios de educación ofrecen dos aspectos:

"Pueden tomarse como recursos destinados específicamente a un fin educativo; o indirectamente, sin proponérselo, como formas de comunicación que de alguna manera influyen sobre los destinatarios."[41]

De acuerdo a su empleo, la prensa, la radio, la televisión y el

---

41 Larroyo. F. *Didáctica General Contemporánea,* pág. 127.

cine pueden constituir un inmenso aparato de enajenación, de perturbación y de engaño, que lejos de educar y entretener, degrada y enajena, destruyendo los valores de una cultura e implantando concepciones consumistas e insulsas.

"La comunicación tiene fundamentalmente un valor relacional, un mero contacto entre los seres humanos que está regido por ciertos contratos o convenciones sociales. De estos "contratos" asumidos, explícita o implícitamente, por los comunicantes, surgen las funciones atribuidas a la comunicación: informar, persuadir, educar, y entretener. A estas ideas sobre la comunicación se debe añadir el modelo técnico del paso de señales de una máquina a la otra, sobre el cual se construyó el modelo de la comunicación humana y que establece en forma implícita la dominación de la fuente sobre el receptor, en la linearidad y control del proceso determinado por la fuente."[42]

"La tecnología comunicativa es inescapable a las fuerzas sociales que le dan objetivos particulares concretos. Dichos objetivos son básicamente la producción del consumo y la difusión de una forma de vida que se impone como la única legítima."[43]

Por un lado sabemos que el niño recibe gran cantidad de mensajes por medio de la T.V. principalmente, por medio de la radio o el cine u otras clases de medios, como son los escritos (revistas, cuentos y libros), y es en estos mensajes donde encontramos principalmente un gran contenido de violencia, que provoca en él conductas agresivas, es decir que al presenciar actos de violencia, tiende a conducirse agresivamente, o a sufrir una catarsis, (es decir, libera sus tensiones).

Por otra parte se le presentan estereotipos a los cuales tiende a copiar (Supermán, Batman y Robin). Con respecto a las caricaturas los niños perciben la violencia que hay en ellas, disfrazadas de inocentes bromas y travesuras, que posteriormente imitarán molestando a sus compañeros.

Observando otro aspecto, los programas de ficción, las pelícu-

---

[42] Morales Gómez, D. *La Educación y Desarrollo Dependiente de América Latina,* pág. 309.

[43] *Ibidem,* pág. 308.

las, y los cuentos frecuentemente perturban la visión de la realidad de los niños, ya que un exceso de estos provoca que ellos vivan en un mundo irreal. Los niños constituyen el núcleo principal de consumidores de los mensajes de los medios de comunicación en general y de los de la televisión en particular, puesto que les proporcionan estímulos para sus fantasías sociales.

De esta misma manera cree Cazenueve que "habría que enfocar también la posible influencia que las diversas escenas delictivas y de violencia difundidas por la televisión pueden ejercer sobre los jóvenes (. . .). Los medios de comunicación, no engendran violencia por sí mismos, pero pueden llegar a despertar y orientar las tendencias latentes de ciertos individuos propios a la misma".[44]

En el caso de la lectura de libros o de periódicos se puede decir que ejercen una acción directa del ambiente sobre la persona, pues su efecto es de "mayor intensidad que el de otros factores ambientales, porque en gran medida las lecturas responden a intereses individuales que normalmente pueden satisfacerse."[45] Asimismo, la prensa es un factor decisivo de educación extraescolar; contribuye a formar de manera profunda la opinión pública.

Ahora bien, sabemos que la subsistencia de los medios masivos de comunicación como el radio, la televisión, las revistas e inclusive la prensa se debe a la publicidad, y de ella es menester observar que resalta las necesidades secundarias haciéndolas aparecer como primarias, creando la idea de que tales necesidades sólo pueden ser satisfechas con determinado producto sin posibilidades de alternativas, es decir, su finalidad es convencer a la gente de que para alcanzar cierto nivel social se deben tener o usar ciertos productos o bien se debe actuar de determinada forma, lo cual hace los valores humanos queden en segundo término, dándoles prioridad a los objetivos materiales.

Los medios de comunicación masiva en una sociedad como la nuestra y en las sociedades de los demás países de Latinoamérica las cuales son esencialmente sociedades capitalistas dependientes,

---

[44] Aguilera Joaquín de *Dimensiones y Sistema de la Televisión Educativa*, pág. 71.
[45] García Hoz, Víctor. *op. cit.*, pág. 439.

se les atribuyen funciones de penetración ideológica a través del contenido de sus mensajes. Se puede decir de dichos contenidos que son ideológicos, y transmiten información, persuación, entretenimiento o educación. Sin embargo la explicación de las formas que asumen los mensajes es una sociedad capitalista dependiente, necesariamente rebasan al mensaje mismo, el cual se ve determinado por sus condiciones de producción y de uso."[46]

"No es suficiente decir que, por ejemplo, la función persuasiva consiste en que compre la marca "X" de jabones, cosméticos o automóviles, sino que función fundamental otorgada a los MIM (medios de información masiva) es la de producir el consumo y acortar el ciclo de realización del capital."[47]

La publicidad crea la idea de que una persona vale más por la cantidad de cosas que compre, aunque tales cosas no le sirvan para nada. Con esto se provoca que las relaciones entre los hombres sean cada vez más distante y la interacción social se va empobreciendo. En los adolescentes el impacto de la publicidad es más nocivo; ya que el estar pasando por una etapa de transición de la niñez a la madurez, se tienen que enfrentar a la elección de un tipo de vida futura que les satisfaga sus respectivas necesidades personales.

"La denominada cultura de masas difundida por lo MIM, tampoco puede ser analizada de manera aislada. Dicha cultura en sus formas dominantes, es fundamentalmente la expansión del 'American way of life' al interior de las sociedades latinoamericanas."

La difusión y aceptación de esta cultura como "normal y natural" en América Latina, es un fenómeno producido por el funcionamiento de los MIM y, de ninguna manera, una expresión autónoma de estas sociedades."[48]

"Tanta preocupación por los 'efectos de la comunicación' sólo se explica por la necesidad de producir determinados efectos deseados por quienes controlan la sociedad y en particular a los MIM

---

[46] Morales Gómez, D. op. cit., pág. 310.
[47] Ibidem, pág. 311.
[48] Ibidem.

dejando pues establecido que la relación entre fuentes de medios masivos de información-individuo(s) receptores se sustenta en relación de dominio-subordinación, las relaciones comunicativas se superponen a las relaciones de poder."[49]

Por otro lado la publicidad, y en general los medios masivos de comunicación, distraen la atención del estudiante de sus deberes abocándolos a diversiones cada vez más sofisticadas y distrayéndolos de las responsabilidades cotidianas de su casa y escuela, desperdiciando su tiempo en actividades sin contenido útil o provechoso, obligándole a inventar estrategias para salir del "paso" fácil y rápidamente, olvidándose de que asiste a la escuela para aprender y no sólo para pasar tragos amargos.

"Los sistemas de información y comunicación, que en las sociedades capitalistas dependientes son empresas filiales de matrices norteamericanas o nacionales, pero vinculadas directamente con ellas, abarcan toda una gama de actividades; comunicación telefónica y de télex, agencias de publicidad, agencias internacionales de noticias, consorcios de radio y televisión, periódicos, revistas, libros de texto, discos, satélites y computadoras. Este conjunto de empresas tienen en primer lugar un objetivo económico: la ganancia; pero más allá de eso, los productores que elaboran, en primer lugar información o mensajes, y en segundo lugar formas de conciencia y conducta, son mercancía, tan fundamentales a las sociedades capitalistas para su existencia y reproducción, por lo que se tiene que considerar la acción de los MIM en el contexto de la expansión del capital americano por América Latina y su necesidad de gentes y países".[50] Pues "La producción del consumo y de la ideología dominante se realiza a través de las empresas transnacionales de publicidad"[51] ya que "Las agencias de publicidad son las intermedias entre las E.T. (empresas transnacionales) y los medios de información masiva; esto es, hay un control casi absoluto pues dichos medios se financian fundamentalmente

---

[49] *Ibidem*, pág. 312.
[50] *Ibidem*, pág. 313-314.
[51] *Ibidem*, pág. 315.

con la publicidad; el control de los medios está en manos de las E.T."[52]

Las agencias internacionales de noticias (la "AP" (Asociated Press), la UPI (Union Press International), la TASS entre otras) son empresas transnacionales que se han integrado a las sociedades dependientes, de las que dependen los medios masivos de comunicación en América Latina.

"La necesidad de producir y controlar la información en el exterior es una consecuencia de la necesidad de preservar las condiciones sociales que permitan seguir operando a las E.T. en otros países. La acción de las agencias norteamericanas de noticias no tienen como principal objetivo el informar al público norteamericano, sino influir en otras sociedades, mediante un proceso permanente de interpretar las realidades de dichas sociedades, desde el punto de vista de los intereses norteamericanos."[53] Shenkel; después de analizar los programas de la televisión y el radio de México, llegó a las siguientes conclusiones:

— Dominan los contenidos triviales cuya función es proporcionar entretenimiento, en general de poca calidad.
— Se advierte una casi total ausencia de programas formativos, lo que contrasta con grandes volúmenes de crónica roja, radio y telenovelas, donde abunda el sentimentalismo y se presenta un mundo lleno de irrealidad y seriales en las que predominan la violencia y los crímenes.
— Ni en cantidad ni en calidad la radio y la televisión reflejan adecuadamente las realidades políticas, sociales y económicas del país.
— Los contenidos toman como referencia los intereses de las clases de mayor poder adquisitivo; y privilegian a la capital del país, en tanto los problemas del interior son postergados.
— Se aprecia una fuerte influencia extranjera en el contenido de ambos medios.

---

[52] *Ibidem*, pág. 322.
[53] *Ibidem*, pág. 323.

— Se fomentan los estereotipos procedentes de Estados Unidos.

Los programas nacionales, por su parte, tampoco contribuyen a dar una visión real del país, sino que a menudo deforman la imagen de México, (SCHENKEL, KAPLUN, 1976.)[54]

3.2 Medio Ambiente Geofráfico

Por otro lado es importante mencionar que el medio geográfico influye en el desarrollo de la personalidad: "los diversos caracteres raciales de los hombres, características que aluden predominantemente a factores biológicos pero que en su existencia se hallan mezclados con factores de tipo cultural, político y social".[55]

La influencia del ambiente físico, escribe García Hoz, "pone de relieve que la vida del hombre se halla determinada, en parte, por el medio físico, en que vive: clima, suelo y paisaje."[56]

La raza, la nacionalidad y la pertenencia a grupos étnicos, también proporciona explicaciones de ciertas diferencias individuales, pues, como lo señalan M.L. Bigge y M.P. Hunt, "la raza puede contribuir a las diferencias individuales en el sentido de que una raza en particular puede ser culturalmente diferente de otras razas".[57]

3.3 Medio social, educación y Estado

El influjo del ambiente social es aquel que se centra en "aquellas fuerzas y grupos sociales que influyen con cierta intencionalidad en las formaciones del hombre".[58] Se puede distinguir entre ellos a los grupos juveniles de cualquier índole, organizaciones como clubes deportivos, de exploradores, asociaciones de orientación política o religiosa; etc. Asimismo, la educación escolar influye

---

[54] *Ibidem,* pág. 333.
[55] García Hoz, Víctor, *op. cit.,* pág. 258.
[56] *Ibidem,* pág. 411.
[57] Bigge, M.L. y Hunt, M.P. *Bases Psicológicas de la Educación,* pág. 157.
[58] García Hoz, Víctor. *op. cit.,* pág. 423.

de manera definitiva en el ser humano, ya que su planeación es delineada de acuerdo a los intereses del Estado, conjuntamente con estrategias de desarrollo que hagan que el hombre se adapte a las continuas transformaciones económicas y sociales.

Aníbal Ponce, señala con respecto a la educación, que "es el procedimiento mediante el cual las clases dominantes preparan en la mentalidad y la conducta de los niños las condiciones fundamentales de su propia existencia.

Pedirle al Estado que se desprenda de la Escuela es como pedirle que se desprenda del Ejército, la Policía o la Justicia".[59]

El papel del Estado en la educación es decisivo, en la medida en que él depende de la misma para la vigencia del régimen que lo sostiene, puesto que fundamentalmente depende de la mentalidad del pueblo aceptar este o aquel tipo de Estado, ya que corresponde al gobierno promover la educación del pueblo, a través de leyes básicas y generales que orienten la estructuración de la escuela pública para todos los que la deseen incentivar el perfeccionamiento de la escuela particular."[60]

En todo sistema capitalista, el modelo regular de educación se ha construido por las clases que detentan el poder, sirviendo naturalmente, a sus intereses, y siendo impuesto a toda la sociedad como universalmente válido. De esta manera, a través de la educación se legitimiza y asegura el poder, mediante la reproducción de estos valores y privilegios. Lo ideal es que exista una educación que liberada de todos los rasgos alineantes, constituya una fuerza que posibilite un cambio y esa sea sinónimo de libertad.

3.4 La Iglesia y la Educación

Una de las influencias más importantes es la de la Iglesia; que desde la llegada de los misioneros católicos para evangelizar a los indios de la Nueva España, los franciscanos, los jesuitas; etc., han educado en Cristo a innumerables generaciones imperceptibles y

[59] Ponce, Aníbal. *Educación y Lucha de Clases,* pág. 108.
[60] Nerici, Imideo G. *op. cit.,* pág. 120.

cobrando creciente actualidad, participan en la educación prima-
ria, la enseñanza media y la enseñanza superior del país.

"La acción de la Iglesia es, toda ella, docente, dentro o fuera
de la escuela. Su papel en la educación abarca no sólo la defen-
sa de los principios que se refieren a la preservación de la dignidad
y de la libertad del hombre, sino también a su formación social,
moral y espiritual."[61]

3.5 Influencias pre y posnatales

Las influencias del ambiente empiezan a interactuar con los
factores hereditarios, aún antes de nacer el niño. Las influencias
congénitas (aquéllas que entran en el juego durante el período de
gestación), deben distinguirse de las de tipo genéticas (aquéllas
ejercidas por la naturaleza del plasma embrionario). Debido a que
el embrión o feto recibe, por osmosis, alimentos del caudal sanguíneo de la madre, cualquier condición que altere la composición
química de la sangre materna, pueda tener un efecto sobre el desarrollo del feto o embrión, por lo que se debe tener especial cuidado
durante el embarazo y en el momento del parto, pues el nacimien-
to también trae consigo un cambio repentino y drástico en el
ambiente.

De igual modo, el ambiente escolar es importante, especialmente durante los primeros años del niño, ya que cada niño, de
acuerdo a su nivel de comprensión, capta su ambiente, contribu-
yendo éste a la formación de su marco de referencia y actitud
hacia el aprendizaje."[62]

Una vez planteados los diversos factores nocivos familiares,
escolares y del ambiente físico y social, es importante hacer notar
la urgente necesidad de proporcionar a nuestros hijos métodos o
técnicas para que aprendan a estudiar, pues sin duda el no saber
hacerlo es una de las causas de los fracasos y frustraciones de muchos estudiantes, por lo que se va a proponer de una manera sencilla

---

[61] *Ibidem.*
[62] Bigge, M.I.. y Hunt, M.P. *op. cit.,* pág. 155.

y práctica, una metodología a seguir para adquirir habilidades para estudiar y llegar a ser un mejor estudiante a pesar de las variables nocivas que influyen necesariamente en el aprendizaje. Consulte el libro **Aprende a Estudiar** de esta misma editorial y autor.

La aplicación constante y decidida de esta metodología por parte de los estudiantes, traerá como consecuencia la pronta organización, planeación y distribución de sus responsabilidades académicas, redundando esto en seguridad de sí mismo, al ir superando paulatinamente sus anteriores problemas de estudio; de esta manera contrarrestará en parte los efectos perniciosos de los factores nocivos ambientales.

CUARTA UNIDAD

El Adolescente y su Desarrollo Biopsicosocial

Ya que el papel del profesor es decisivo en la vida del alumno debe estar y "sentir" con él, pues éste necesita una orientación sincera e incondicional en este momento de crisis, en que está sufriendo un cambio que no llega a comprender del todo, tanto en lo orgánico como en lo psíquico y espiritual, y así lo señala Werner al decir que "los alumnos afectados por la crisis de la pubertad, propenden a desarrollar inestabilidades psíquicas y sentimientos de inseguridad, así como marcadas dificultades para el estudio."[63]

La adolescencia es un período de marcados cambios: comienza en la pubertad y acaba generalmente cuando se está madurando no sólo en el aspecto sexual, sino también en el moral y cuando se ha adquirido una madurez intelectual, social y se es responsable.

Es común que el adolescente continuamente agreda a todo aquéllo que representa autoridad, y esto se debe a que está tratando de encontrarse a sí mismo, y será un luchador incansable para conseguirlo; sus actitudes ya no son de sometimiento, ahora reclama libertad. (El conocimiento de sí mismo significa lo que una persona cree que es, y lo que está haciendo de acuerdo con

---

[63] Correll, Werner. *op. cit.*, pág. 176.

ello). Por ello el adolescente desea que se le mire y se le trate como si fuera adulto y se confunde cuando sus padres algunas veces lo tratan como tal y otras como niño.

Por lo tanto, los conflictos propios de la edad y la falta de adaptación provoca en ellos adoptar posiciones extremas de inestabilidad emocional y una clara deficiencia en lo que respecta a su esfera de valores. Ahora bien, como señalamos anteriormente, "al final de la adolescencia, los intereses sexuales se concentran en la selección de compañera, galanteo, el matrimonio y la participación de la vida familiar."[64]

Con lo que tenemos que de acuerdo con Havighurst, las tareas de desarrollo de los adolescentes son:[65]

    I Lograr nuevas relaciones y más maduras con compañeros de la misma edad de uno y otro sexos.

   II Lograr un papel social masculino o femenino.

  III Aceptar su condición física y utilizar su cuerpo en forma efectiva.

  IV Lograr independencia emocional de los padres y otros adultos.

   V Alcanzar la seguridad de una independencia económica

  VI Elegir y prepararse para una ocupación.

 VII Prepararse para el matrimonio y una vida familiar.

VIII Desarrollar sus habilidades intelectuales y los conceptos necesarios para la competencia cívica.

  IX Desear y lograr una conducta responsable ante la sociedad.

   X Adquirir un conjunto de valores y un sistema ético que sirvan de guía a su comportamiento.

4.1 Cambios fisiológicos de la adolescencia.[66]

Estos cambios son únicamente característicos de la adolescen-

[64] Bigge, M.L. y Hunt, M.P. *op. cit.,* pág. 272.
[65] *Ibidem,* pág. 304.
[66] *Ibidem,* págs. 261-262.

cia y caen dentro de tres categorías: Cambios sexuales, cambios en las dimensiones del esqueleto y cambios en la química del cuerpo.

La madurez de los órganos sexuales y el desarrollo de la potencia sexual, son las características más impresionantes de la adolescencia.

La pubescencia es un período de cambios que dura dos años aproximadamente, cambios que caracterizan la iniciación biológica de la adolescencia y que culminan al llegar la persona a la pubertad. La pubescencia se distingue por la maduración de las características sexuales primarias y secundarias, cambios correspondientes de equilibrio glandular y proporciones corporales.

En las niñas la pubertad aparece con la primera menstruación y en los muchachos, la señal es la presencia de células vivas de esperma en eyaculaciones seminales.

Características sexuales primarias.— Los caracteres de un organismo que están más inmediatamente asociados con la procreación y la reproducción, son llamados características sexuales primarias (en los muchachos el pene y los testículos; en las muchachas los ovarios, la trompa de falopio, el útero y la vagina). A medida que se aproxima la pubertad, los órganos genitales de uno y otro sexos crecen rápidamente.

Características sexuales secundarias.— En las muchachas, los senos se desarrollan y la pelvis se hace más ancha. También adquieren adiposidades en los pechos y las caderas. Asimismo, les aparece vello en la región del pubis y las axilas.

A los muchachos, casi al mismo tiempo, les sale vello en el pubis y las axilas; además les brota rápidamente vello en las extremidades y en el tronco, la barba se pigmenta y la voz baja de tono.

Los cambios sexuales de la adolescencia vienen acompañados de notables modificaciones de la estatura, del peso y de las proporciones del cuerpo.

4.2 Cambio sociológico de la adolescencia

El desarrollo biológico de los seres humanos siempre marcha paralelo al desarrollo sociológico.

Debido a que los cambios radicales en el cuerpo del adolescente vienen acompañados de cambios igualmente significativos en sus relaciones con los grupos que está asociado o identificado, "es preciso que los adolescentes encuentren su lugar en una sociedad compuesta no sólo de sus iguales, sino también de adultos a los que debe adaptarse. Esta 'adaptación' significa que debe aprender a ser socialmente aceptable y acomodarse a las tradiciones, costumbres y hábitos de su grupo. Además, haciendo caso omiso de que las normas de pensamiento y de acción de los adultos están fuera de tono con los ideales y valores de los grupos de adolescentes, se espera de todas maneras que se adapten a estas normas".[67]

Asimismo, a medida que la juventud se desplaza hacia la adolescencia, los grupos de compañeros se hacen más importantes para ellos. Los grupos informales de adolescentes de la misma edad, a menudo se convierten en centros en los que la juventud adquiere experiencia con respecto a la identidad personal y a la estabilidad. Los adolescentes pueden arriesgarlo casi todo con objeto de adquirir y conservar la aprobación de sus compañeros de la misma edad, ya que están más frecuentemente de acuerdo con sus grupos que con sus padres.

Por el hecho de convivir con esos grupos, estos ejercen influencia en casi todos los actos del adolescente. Así, imitan su modo de hablar, sus valores morales, su indumentaria y su modo de comer. La aprobación de estos grupos es tan subyugante que los adolescentes quedan virtualmente esclavizados a las costumbres del grupo y supeditados a ciertas normas, ideales y actitudes. Esto es aplicable tanto negativa como positivamente.

4.3 Desarrollo psicológico

"Los niños y los jóvenes complementan su desarrollo psicológico hacia la edad adulta, por la experimentación de al menos cinco clases de cambios en las estructuras cognoscitivas de sus sucesivos espacios vitales:

[67] *Ibidem*, pág. 264.

   I Cambios en la identificación o afiliación a un grupo;
  II Crecientes conflictos en la motivación;
 III Intensificación del conocimiento de sí mismo;
 IV Confusión ante las formas y funciones corporales, y
  V Modificación de las perspectivas de tiempo e imaginativas."[68]

Como ya lo mencionamos, el adolescente es víctima de inseguridad e inestabilidad emocional. Por lo tanto, su voluntad se ve condicionada psicológicamente por la excesiva actividad de los estados afectivos a que se ve sujeto, siéndole esto perjudicial para su aprendizaje y repercutiendo también en su disciplina. "Las actividades mentales caracterizadas por el sentimiento y la emoción se denominan estados afectivos. Entran prácticamente en todas las formas de conducta. Proporcionan, motivos, intereses y escalas de valores dominantes."[69]

La adolescencia es por lo tanto una edad de crisis. Los adolescentes pasan por una serie de cambios de tipo biopsicosocial; como lo acabamos de leer; los cuales afectan de manera importante su comportamiento y sus actitudes ante sus padres, familiares, maestros y sobre todo ante sí mismo; ya que él no comprende qué es lo que le está sucediendo.

Como ya lo mencionamos, en lo biológico al tener cambios significativos como la aparición de los caracteres sexuales secundarios; en lo social al modificar radicalmente sus relaciones en el medio ambiente donde se desenvuelve; en lo psicológico por su brusco cambio en su conducta y en su manera de pensar.

El adolescente es conflictivo, busca por naturaleza la satisfacción de sus nuevos intereses (sexuales, místicos, de independencia, de pertenencia, de autoestima).

Pasa por diversas etapas; en las que se siente el ser más desdichado del mundo, de una incomprensión total y absoluta, de

[68] *Ibidem,* pág. 284.
[69] Kelly. William A. *op. cit.,* pág. 159.

rechazo abierto y espontáneo a todo aquello que representa para
él autoridad.

No le gusta estudiar, sus intereses principales son la música las
fiestas, las relaciones con gente del sexo opuesto, el reunirse en
grupos de amigos con intereses similares.

El adolescente es audaz, no mide consecuencias, su capacidad
de compañerismo es muy fuerte, son leales con sus compañeros,
defiende a toda costa y cueste lo que cueste todo aquello que él
cree que es lo correcto.

Lo sexual tiene una importancia primordial para ellos.

La satisfacción del deseo sexual la logran por medio de la
autosatisfacción generalmente; sin embargo buscan la relación sexual con el sexo opuesto; la falta de orientación en este sentido
por los padres y la escuela es muy común, es entonces y sucede
muy a menudo que recurren a prácticas con gente de su mismo
sexo; corriéndose el peligro de caer en el homosexualismo o les-
bianismo al no poder reafirmarse su sexualidad.

El choque generacional se acentúa; las relaciones con sus padres se vuelven muy tirantes por su rebeldía.

Al sentirse incomprendidos buscan a como dé lugar su independencia (cortarse el cordón umbilical).

El adolescente al huir de los problemas a los que tiene que
enfrentarse recurre a refugiarse en sí mismo y a querer escapar
de la realidad de diferentes formas como:

—agresión abierta (actitud, verbal, física, moral, material) a
 la autoridad.
—pasarse la tarde durmiendo.
—ingiriendo bebidas embriagantes.
—drogándose
—no estudiando (pereza habitual).

Cabe señalar que en esta etapa de crisis es cuando más nece-
sitan de la comprensión y el cariño de sus padres; pero hay que
tener cuidado con ser complaciente y caer en su juego y volvernos
cómplices de su irresponsabilidad.

El adolescente que a través de su niñez a vivido en un hogar
donde prevalece la unión, el amor, la COMUNICACION, la com-

prensión, el respeto a su individualidad, tendrá como consecuencia una adolescencia más llevadera; pero en el caso contrario, será un adolescente infeliz y presa de los vicios y las malas compañías.

El delincuente generalmente a sido víctima de hogares destruidos, de la promiscuidad etc.

La responsabilidad de los padres y de los maestros para con el adolescente es muy grande; de ellos depende en gran parte la felicidad y la consecución de sus logros para una realización plena llena de éxitos. mostrándoles en toda circunstancia que se les tiene confianza, que se cree en ellos como PERSONAS.

Apoyándolos y orientándolos con la verdad, demostrándoles con hechos y ejemplos realistas que están equivocados.

Escuchándolos, dándoles oportunidad a que se explayen en sus inquietudes.

Conociendo y respetando sus intereses, su individualidad, sus valores.

Una vez planteados los diversos factores nocivos familiares, escolares y del ambiente físico y social que influyen en el aprendizaje del niño y del adolescente, es importante hacer notar la urgente necesidad de proporcionar a los púberes y adolescentes una adecuada orientación vocacional, que sin duda es también causa de fracasos y frustraciones de muchos estudiantes.

En la siguiente unidad, se propone un proyecto de Orientación Vocacional dirigido a los alumnos del nivel medio superior que abarca los tres años de preparatoria.

Cabe señalar que lo escrito en la unidad primera de dicho proyecto, puede y de hecho debe enseñarse a los alumnos de secundaria para que empiecen a educar su voluntad para adquirir los hábitos de estudio necesarios para enfrentar sus responsabilidades académicas.

El libro que se recomienda en esta unidad, referido en la bibliografía específica del proyecto de orientación vocacional, propone de una manera sencilla y práctica, una metodología a seguir para adquirir habilidades para estudiar y llegar a ser un mejor estudiante a pesar de las variables nocivas que influyen necesariamente en el aprendizaje.

QUINTA UNIDAD

Proyecto de Orientación Vocacional
para alumnos del nivel medio superior

El alto índice de deserción que acusa nuestro país, en todos los niveles, se debe en gran parte a la propia estructura socio-económica del sistema, pero es causa también de ésta la falta de una orientación vocacional bien encauzada.

Consideramos que la elección vocacional es un proceso y que como tal implica un transcurrir en el tiempo y un desarrollo que le caracteriza. Por ello en la medida en que la elección es proceso, ésta cobra distintos sentidos según la situación, la historia del sujeto, su presente, la significación que para el sujeto tiene la elección en ese momento. Debe tomarse en cuenta que no sólo se trata de que un sujeto elija una ocupación, o una carrera, sino que el hacerlo le implica la elección de una forma de vida, que le supone optar por un conjunto de valores posibles y dentro de la estructura socioeconómica a la que el sujeto pertenece, lo que le permite proyectar el lugar que desea ocupar en su futuro y en el de su sociedad, por lo que la elección deberá hacerse partiendo de una decisión personal y responsable.

Con el presente programa se pretende aliviar en buena medida las carencias y necesidades del país en el terreno profesiográfico, mediante una buena elección de carrera por parte del adolescente bachiller, que redundará en su propio beneficio y en el de México.

Ahora bien, este trabajo se halla dividido en varios temas dirigidos a cada adolescente de acuerdo a su nivel en el bachillerato.

Así, los temas o unidades I y II están diseñadas para los alumnos de 4° año con un total de 25 horas, las cuales se darán a razón de una hora por semana.

La experiencia nos dice que el alumno que ingresa al nivel medio superior, carece por completo de un método de estudio, que lo ayude a superar sus responsabilidades académicas. Por tal motivo, es de vital importancia que el departamento psicopedagógico de la escuela, esté consciente de esto y de inmediato procure a los alumnos los elementos teórico-prácticos necesarios en lo referente a hábitos de estudio y diferencias individuales.

Se sugiere que la unidad III, que se refiere a la importancia de la medición de las capacidades humanas, se lleve a efecto cuando el alumno inicie su 5° año de bachillerato, para que al final del mismo, el alumno obtenga los resultados de los exámenes psicométricos que se le aplicaron y pueda —de ser necesario—, apoyarse en ellos para la elección del área.

Las unidades IV y V, dirigidas a los alumnos de 5° y 6° año, podrán ayudar a los alumnos a elegir no sólo el área específica de su interés, sino que además les orientarán para conocer las carreras profesionales y técnicas que existen y son necesarias para el desarrollo de México, así como el lugar y las universidades en las que puede estudiarlas.

Para cumplir con las unidades III, IV, y V serán necesarias 85 horas, mismas que pueden impartirse de la siguiente manera:

5° año: a razón de dos horas semanales (52 Hrs.), y las 33 restantes se darán a los de 6° años, a razón de 1:30 horas cada clase por semana.

El material didáctico mínimo que requiere el encargado de llevar a su realización este proyecto de orientación vocacional es el siguiente:

- Tests psicológicos.
- Folletos de las diferentes carreras y universidades.
- Planes y programas de estudio de universidades y escuelas técnicas.
- Grabadora de cassettes.
- Proyector de filminas.
- Proyector de transparencias.
- Audiovisuales de carreras.
- Proyector de cine.

ETIVOS |PARTICULARES:	TEMAS	SUBTEMAS:	METODO
os alumnos: - Emplearán algunas de las técnicas para aprender a estudiar.	UNIDAD I HABITOS DE ESTUDIO.	— Toma de apuntes. — Como escuchar una clase. — Preparación de exámenes. — Distribución del tiempo. — Planificación del estudio. — Horarios. — Como leer para aprender. — Memoria.	Discutir los subtemas sobre la base de las lecturas realizadas.
- Apreciarán las variaciones y diferencias humanas, en función de sus propias capacidades e intereses, en forma tal, para que pueda desarrollar al máximo, y se prepare del modo más eficaz posible para su vida ulterior. - Reconocerá la importancia de la prueba psicológica para la medición de las capacidades humanas.	UNIDAD II DIFERENCIAS INDIVIDUALES	— Variaciones y diferencias humanas. — Causas de las diferencias humanas. — Alcance y distribución de las diferencias individuales.	Discusión grupal, análisis de ejemplos concretos proporcionados por el maestro y alumnos. Llevar a clase la descripción de los casos observados y proceder a su análisis.
- Contestarán una batería de pruebas psicológicas, con el fin de profundizar en el diagnóstico y recomendar una adecuada orientación futura.	UNIDAD III MEDICION DE LAS CAPACIDADES HUMANAS.	— Aplicación de las pruebas de inteligencia. — Aplicación de la prueba de intereses. — Aplicación de la prueba de aptitudes. — Aplicación de la prueba de personalidad.	Dar las indicaciones sobre los test y explicar las intrucciones.
- Discriminará las carreras que compone las diferentes áreas. - Investigará los contenidos y los planes de estudio de la carrera elegida. - Distinguirá el campo profesiográfico específico, así como las necesidades ocupacionales del país.	UNIDAD IV ELECCION VOCACIONAL E INFORMACION PROFESIOGRAFICA.	— Universidades. — Escuelas técnicas. — Carreras universitarias y técnicas. — Planes y contenidos de las carreras universitarias y técnicas. — Necesidades profesiográficas.	Discusión grupal, leer y comentar todo el material recabado, sobre cada uno de los subtemas.
- Realizará su información profesiográfica con conferencia . dictadas por especialistas de diferentes Universidades, empresas particulares y estatales, unidades agropecuarias, etcétera.	UNIDAD V CICLO DE CONFERENCIAS SOBRE LOS PERFILES PROFESIONALES.	— 35 conferencias como mínimo; sobre las carreras específicas del área, así como del campo profesiográfico.	Discusión de las lecturas efectuadas. Conferencias, visitas a institutos, universidades, empresas, etcétera.

Objetivos generales:

Atender de un modo integral a las necesidades de Orientación Vocacional de los adolescentes tendiendo a prevenir las dificultades ante la elección de área específica y carrera.

TECNICA	MATERIAL	ACTIVIDADES EXTRA	PLANEACION DE LA EVALUACION PROPUESTO TECNICA SISTEMA DE CALIFICACION	PROGRAMACION TIEMPO DIDACTI
Expositiva, corrillo y lluvia de ideas.	Bibliografía específica	Investigaciones bibliográficas.	El alumno explicará y escogerá un sistema o método de estudio. Lo entregará por escrito.	15 hrs.
Expositiva. Seminario. Estudio de caso.	Bibliografía específica	Investigaciones bibliográficas. Observar las diferencias individuales en su medio ambiente.	El alumno atenderá las diferencias individuales. Las señalará por escrito.	10 hrs.
Expositiva.	— Test de Dominios (Inteligencia). — Test de intereses intereses (Kuder). — Test de aptitudes (D.A.T.) — Test de personalidad (Minesotta)	NO HAY	Diagnóstico	15 hrs.
Discusión grupal expositivo debate, mesa redonda, seminario.	— audiovisuales. — folletos. — Bibliografía especializada.	investigación y recolección de datos sobre las universidades, escuelas técnicas, contenido y planes de estudio, necesidades profesiográficas de México.	Toma de decisión de elección de área y carrera, comparando esta elección con el psicodiagnóstico efectuado. Entrega del psicodiagnóstico.	30 hrs.
Expositiva.	— audiovisuales. — bibliografía especializada. — planes de estudio. — contenidos de programas. — folletos de carreras. — folletos de universidades.	Asistencia a conferencias, visita a universidades, investigación de carreras.	NO HAY	40 hrs.

Conclusiones

Al través del presente trabajo se argumentó que el aprendizaje del adolescente no radica de modo exclusivo en él, ni en las circunstancias, sino que por lo general intervienen conjuntamente factores intrínsecos y factores extrínsecos.

Sí un alumno no prospera en sus estudios, las más de las veces influyen en ello causas a la vez de tipo familiar y escolar, que en cada uno de los casos se relacionen con las condiciones particulares de la personalidad del sujeto, junto a la tradicional acción educativa de la familia y de la escuela se ha de situar la influencia constructiva o demoledora, que el medio social ejerce en la formación de los jóvenes.

Es de vital importancia que los maestros en general conozcan los factores educativos ambientales, para de esta manera poder, dentro de lo posible, comprender las circunstancias que rodean al adolescente y orientarlo para que supere las condiciones adversas que le impiden aprender correctamente.

Por lo tanto concluyo lo siguiente:

— Los adolescentes que conocen las causas y los efectos de los factores nocivos escolares y que influyen en su aprendizaje, pueden en parte tratar de superarlos y contrarrestarlos, apoyándose de una manera sistemática y consistente en la metodología de habilidades, para estudiar propuesta; asimismo el que conozcan los factores familiares y del medio, les ayuda a sobrellevar y tratar de superar sus problemas.

Cuanto más reconozcan, comprendan y acepten su problemática, más la concientizan.

Un sistema de técnicas de estudio programado, instrumentado e impartido por la propia escuela, ayuda al adolescente a superar los efectos totalmente nocivos que sufre por parte de la escuela misma, la familia y el medio.

En realidad fue muy grato y satisfactorio llevar a cabo esta investigación, porque significó crecer en mi proceder pedagógico, por lo que queda en mí la inquietud para profundizar en todo lo concerniente a la influencia nociva que produce en la formación y educación las instituciones y el ambiente geográfico.

BIBLIOGRAFÍA GENERAL

AGUILERA, JOAQUÍN DE
Dimensiones y Sistemas de la Televisión Educativa.
Editora Nacional
Madrid, 1975

BIGGE, M.L. y HUNT, M.P.
Bases Psicológicas de la Educación.
Editorial Trillas
Tercera Edición
México, 1974

CORTADA DE KOHAN N.
El profesor y la orientación vocacional.
Editorial Trillas
Segunda Edición
México, 1978

CORREL, WERNER
El Aprender.
Editorial Herder
Segunda Edición
Barcelona, 1980

CRITES JOHN O.
Psicología Vocacional.
Editorial Paidos
Buenos Aires, 1974

CUELI, JOSÉ
Vocación y afectos.
Editorial Limusa
Segunda edición
México, 1973

CHÁVEZ MAURY, ALFONSO
Aprende a Estudiar
Editorial EDAMEX
Tercera edición
México, 1983

GARCÍA HOZ, VÍCTOR
Principios de Pedagogía Sistemática
Editorial Rialp
Séptima Edición
Madrid, 1960

GUTIÉRREZ SAENZ, RAÚL
y SÁNCHEZ GONZÁLEZ, JOSÉ
Metodología del Trabajo Intelectual
Editorial Esfinge
México, 1977

GUTIÉRREZ SAENZ, RAÚL
Introducción a la Didáctica.
México, 1976

KELLY, W.A.
Psicología de la Educación
Tomo I
Segunda Edición
Madrid, 1975

LARROYO, FRANCISCO
Didáctica Contemporánea
Editorial Porrúa
Sexta Edición
México, 1979

MEDINA GÓMEZ, CECILIA
Diseño de un modelo para la estructuración de Programas
de enseñanza-aprendizaje.
Tesis Profesional. UNAM

MIRA LÓPEZ, EMILIO
Manual de Orientación Profesional
Editorial Kepelusz
Sexta Edición
Buenos Aires, 1965

MORALES GÓMEZ, D.
La Educación y Desarrollo Dependiente en América
Latina.
Ediciones Gernika
Segunda Edición
México, 1980

NASSIF, RICARDO
Pedagogía General
Editorial Cincel-Kapelusz
Segunda Edición
Madrid, 1980

NERICI, IMIDEO
Hacia una Didáctica General Dinámica
Editorial Kapelusz
Buenos Aires, 1973

NERICI, IMIDEO
Metodología de la Enseñanza
Editorial Kapelusz
México, 1980

PONCE ANÍBAL
Educación y Lucha de Clases
Imprenta Nacional de Cuba
1961

SÁNCHEZ HIDALGO EFRAÍN
Psicología Educativa
Editorial Universitaria
Octava Edición
Puerto Rico, 1973

MAURICIO NELLIGAN
La Gran Farsa Académica
EDAMEX
México, 1984

¿POR QUÉ MI HIJO NO APRENDE?
en su octava edición, quedó totalmente
impreso y encuadernado el 13 de
noviembre de 1998. La labor se realizó
en los talleres del Centro Cultural
EDAMEX, Heriberto Frías 1104, Col. del
Valle, México, D. F., 03100.

NOTAS

NOTAS